Renata Gandolfo

A Arte da Guerra para Mulheres Cristãs

Dados Internacionais de Catalogação na Publicação (CIP)
(eDOC BRASIL, Belo Horizonte/MG)

G196a Gandolfo, Renata.
A arte da guerra para mulheres cristãs / Renata Gandolfo. – São José dos Campos, SP: Fiel, 2023.
12 x 16 cm

ISBN 978-65-5723-251-4

1. Mulheres cristãs – Conduta. 2. Vida cristã. I. Título.
CDD 248.4

Elaborado por Maurício Amormino Júnior – CRB6/2422

ARTE DA GUERRA PARA MULHERES CRISTÃS

Originalmente publicado como uma série de artigos no blog Voltemos ao Evangelho
Copyright © 2017 por Renata Gandolfo.
Todos os Direitos Reservados.

■

Copyright © 2021 Editora Fiel.
Primeira Edição: 2021.

■

Todos os direitos em língua portuguesa reservados por Voltemos ao Evangelho da Missão Evangélica Literária

Proibida a reprodução deste livro por quaisquer meios, sem a permissão
Escrita dos editores, salvo em breves citações, com indicação da fonte.

■

Diretor: Tiago J. Santos Filho
Editor-chefe: Vinicius Musselman
Supervisor Editorial: Vinicius Musselman
Editora: Renata do Espírito Santo T. Cavalcanti
Coordenador Gráfico: Gisele Lemes
Revisão: Renata do Espírito Santo T. Cavalcanti
Diagramação: Rubner Durais
Capa: Rubner Durais
Ebook: Rubner Durais

ISBN: 978-65-5723-251-4

Caixa Postal 1601
CEP: 12230-971
São José dos Campos, SP
PABX: (12) 3919-9999
www.editorafiel.com.br

Sumário

Prefácio 5

Introdução 9

1. Os inimigos 11
2. O cerco inimigo 21
3. Os territórios de guerra 35
4. Vestindo a armadura de Deus 51
5. Tropa de eleitas 57
6. O descanso da guerreira 63
7. Memorial de guerra 69

Celebrando a vitória 75

Notas 77

Prefácio

BUM! Uma granada acabou de cair do meu lado. Meu ouvido ainda está zunindo e minha visão embaralhada. Estamos em guerra! Não sei muito bem em que território estou pisando hoje, pode muito bem ser um campo minado, com certeza é terreno inimigo e cheio de armadilhas pelo caminho. Sigo em frente, vejo o Alvo, meu objetivo, sigo olhando firmemente para ele.

Às vezes tenho a sensação de andar em círculos, minha mente quer me convencer a desistir e me entregar. Vejo mulheres aparentemente felizes, passeando em suas carruagens, cheias de riquezas e glórias. Elas não parecem sofrer com a guerra, elas sorriem, mentem, roubam e desfrutam de coisas que me atraem os olhos. Penso em pular na carruagem, pegar carona, mas volto meu olhar para o Alvo e me lembro da recompensa, do galardão, da promessa de vida. Então, ganho forças para resistir.

Estou ferida, cansada e acho que não vou aguentar chegar ao fim. Porém me lembro das palavras do meu Comandante, palavras verdadeiras, cheias de vida. Palavras que me reanimam e me dão impulso para continuar mais um dia na batalha.

Olho meu kit de sobrevivência, nele tem o livro contendo todas as palavras do meu Comandante. Na verdade, meu kit consiste apenas neste livro e só. Ao lê-lo, minhas feridas são saradas, minhas lágrimas são enxugadas e minha fome é satisfeita. Ah! Ainda bem que não peguei carona naquela carruagem.

Alguns dias eu deixo o livro de lado e tento lutar com minhas forças. "Sou forte" – eu penso comigo, mas logo percebo minha atenção se desviando, minhas forças se esvaindo, meu coração quase parando. Então o medo me domina, a dor me assola e o inimigo me assusta ainda mais. Eu choro em desespero, chamo pelo General e ele me atende instantaneamente, ele sempre me ouve. Me arrependo por não seguir os seus comandos, mas me alegro por ter um General que não me abandona no campo.

Meu trajeto até o alvo é cheio de percalços e incontáveis bombardeios, mas não estou sozinha. Vejo outros que caminham comigo, eles também tem o livro das belas palavras de vida. Às vezes levantamos uns aos outros e sempre nos sentimos sustentados pelas promessas que lemos.

Ainda estamos em guerra, porém a batalha um dia terá fim. Verei meu Comandante face a face e viverei em paz ao seu lado para sempre. Ainda luto na guerra contra inimigos que nem sempre enxergo, inimigos que poluem minha mente e meu coração, me distraem e me tentam a não ouvir meus comandos. Mas luto sabendo que esta guerra tem um fim, batalho confiante em meu Comandante que me aguarda e já venceu esta guerra em meu lugar. Pelejo na certeza de que Ele vive, por isto vencerei.

Neste livro, a querida Renata Gandolfo, sempre sábia e encorajadora em suas palavras, nos leva a um preparo para lutar bem equipadas. Com base na Bíblia, que é a nossa espada, afiada e sempre eficaz contra o inimigo, somos instruídas a entender o que é esta guerra e como lutar dia após dia. Se você é ovelha como eu, você vai se deleitar nestes ensinamentos e vai reler para ter tudo bem fixado em sua mente e coração. Saboreie cada instrução deste pasto verdejante e siga firme nas promessas do nosso Pastor!

Nátalie Campos

Introdução

Tem dias em que nos sentimos abatidas, cansadas e isso faz com que nossa natureza caída se sobreponha ao novo homem de maneira intensa. Foi por causa desses dias maus que senti o impulso de me unir às irmãs em Cristo para nos fortalecermos nessa árdua batalha invisível que travamos todos os dias. Batalhamos com nosso velho homem, mas também com o mundo e as coisas do mundo, são forças naturais e sobrenaturais.

Porém, não podemos nos esquecer a quem servimos e qual o nosso propósito como guerreiras compradas pelo sengue do Filho de Deus.

Oro e espero que nosso Senhor use esse livreto, que foi escrito originalmente em pequenos artigos para o blog Voltemos ao Evangelho do Ministério Fiel, para fortalecer as mulheres que o Senhor, nosso Deus, chamou para participar do reino.

Avante, ovelha, Deus é contigo!

CAPÍTULO 1

Os inimigos

E, certamente, ouvireis falar de guerras e rumores de guerras; vede, não vos assusteis, porque é necessário assim acontecer.
Mateus 24.6

Ovelhas, com este texto inauguramos uma série de artigos sobre a guerra nossa de cada dia e sobre como podemos nos preparar para a luta. Espero que a leitura desta série lhes seja útil e as faça prosperar no conhecimento de Deus, nosso Príncipe da Paz[1].

OS INIMIGOS DE NOSSA ALMA ETERNA

Ovelhas, estamos em guerra! Todos os dias, temos uma batalha desta guerra para lutar. Não importa com qual humor você acordou hoje nem como está programada a sua agenda (e lotada), você tem que se preparar para ir à guerra!

Há uma guerra invisível aos nossos olhos que a Bíblia nos adverte estar acontecendo ao nosso redor, nas regiões celestiais, e é para esta guerra que vamos nos preparar para sermos vencedoras (em Cristo!).

> *A nossa luta não é contra o sangue e a carne, e sim contra os principados e potestades, contra os dominadores deste mundo tenebroso, contra as forças espirituais do mal, nas regiões celestes. Efésios 6.12*

Toda guerra exige uma estratégia para o campo de batalha, e saber quem está lutando contra nós é um dos pontos importantes da estratégia. As Escrituras nos ensinam sobre os inimigos de nossa alma eterna, os quais nos afastam de Deus e nos levam em direção à morte, que é o último inimigo a ser vencido[2], mas que já foi vencido por Cristo[3]. Um desses inimigos é o nosso próprio pecado, que faz de nós inimigas de Deus[4]. Enquanto não estivermos reconciliadas com Cristo, justificadas pela fé, teremos inimizade com o Senhor Deus, pois nosso pecado trabalha contra nós, colocando-nos em oposição à Cristo, estando o nosso entendimento cauterizado pelo pecado[5] (Cl 1.21).

O outro inimigo que temos é o mundo[6], o qual nos seduz e nos faz cobiçar. Porém, se estamos no Filho, vencemos o mundo[7].

E, finalmente, um grande adversário, o diabo.

Infiéis, não compreendeis que a amizade do mundo é inimiga de Deus? Aquele, pois, que quiser ser amigo do mundo constitui-se inimigo de Deus. Tiago 4.4

SOMENTE CONHECER O INIMIGO NÃO NOS DARÁ A VITÓRIA

Embora seja necessário conhecermos nossos inimigos, não é isso o que nos dará vitória em nossas batalhas. Saber quem é o nosso líder é o investimento mais importante em conhecimento do qual devemos nos encarregar, além de obedecer às suas ordens e confiar na força do seu poder de guerrear. Não vamos focar na força do inimigo nem em nossa própria força, vamos focar nosso olhar no Senhor dos Exércitos!

Corramos, com perseverança, a carreira que nos está proposta, olhando firmemente para o Autor e Consumador da fé, Jesus. Considerai, pois, atentamente, aquele que suportou tamanha oposição dos pecadores contra si mesmo, para que não vos fatigueis, desmaiando em vossa alma. Hebreus 12.1-3

Quanto ao mais, sede fortalecidos no Senhor e na força do seu poder. Efésios 6.10

A AÇÃO DO INIMIGO

O inimigo se agiganta em nossa mente quando ouvimos falar de seu poder, ele faz um grande barulho em nossa alma para não escutarmos as ordens de nosso líder Jesus, e, além de ensurdecidas, ficamos com um medo paralisante. Já percebeu como o barulho nos assusta? Observe que uma das grandes batalhas acontece em nossa mente[8], por isso insisto em que as Escrituras estejam gravadas em nosso coração para que tenhamos mentes transformadas e cativas à Cristo[9], e quando o inimigo gritar DERROTADA!, o Espírito do Senhor sussurrará em meu espírito[10] que ressoa: vencedora em Cristo Jesus! E, como uma torrente de águas, apagará o fogo dos dardos inflamados do inimigo.

Se prestarmos atenção às escrituras, poderemos estar vigilantes e munidas de suficiente conhecimento de Cristo[11] para combatermos o inimigo. Vejamos quantas passagens temos referentes ao inimigo e vamos aprender como combater nos dias maus.

O inimigo se aproveita de nossos pecados e fraquezas

Irai-vos e não pequeis; não se ponha o sol sobre a vossa ira, nem deis lugar ao diabo. Efésios 4.26-27

Ovelhas, a ira é uma brecha sinistra que o inimigo usa para nos fazer pecar mais. Todas temos que lidar com este mal; irar-se é humano, o que não podemos é usar a ira como desculpa para descarregarmos no próximo o pior que há em nós. Somente o Espírito Santo é capaz de nos dar domínio próprio[12], por isso busque a Deus em oração e peça que ele a ajude na correção deste mal.

Fica a dica: a boca fala do que está cheio o coração. Do que seu coração está cheio hoje?

O homem bom do bom tesouro do coração tira o bem, e o mau do mau tesouro tira o mal; porque a boca fala do que está cheio o coração. Lucas 6.45

O inimigo é insistente e audacioso

O inimigo nos tenta e, quando resistimos e não caímos, ele espera outro momento oportuno para nos tentar novamente. Veja que ele audaciosamente tentou o próprio Deus e não desistiu; ficou à espreita de nova oportunidade.

> *Passadas que foram as tentações de toda sorte, apartou-se dele o diabo, até momento oportuno. (Lucas 4.13)*

Podemos resistir à tentação?

> *Não vos sobreveio tentação que não fosse humana; mas Deus é fiel e não permitirá que sejais tentados além das vossas forças; pelo contrário, juntamente com a tentação, vos proverá livramento, de sorte que a possais suportar. 1Co 10.13*

> *Portanto, tomai toda a armadura de Deus, para que possais resistir no dia mau e, depois de terdes vencido tudo, permanecer inabaláveis. Efésios 6.13*

Resista, ovelha!

O inimigo nos observa por todos os ângulos

Ele anda ao nosso redor procurando a quem devorar. Ele vê o que você faz, observa seus interesses e o que seus olhos cobiçam. Ele escuta suas conversas procurando oportunidade para se aproveitar de um momento de desleixo, de fraqueza, para atacar a presa.

> *Sede sóbrios e vigilantes. O diabo, vosso adversário, anda em derredor, como leão que ruge procurando alguém para devorar. (1Pedro 5.8)*

O inimigo é engenhoso e nos arma ciladas

> *Revesti-vos de toda a armadura de Deus, para poderdes ficar firmes contra as ciladas do diabo; (Efésios 6.11)*

O inimigo trabalha como um agricultor

Ele semeia o mal e espera que este cresça e dê frutos e impeça os bons frutos de crescerem; é como uma erva daninha:

> *O que semeia a boa semente é o Filho do Homem; o campo é o mundo; a boa semente são os filhos do reino; o joio são os filhos do maligno; o inimigo que o semeou é o diabo. Mateus 13.36-39*

> *É inimigo de toda a justiça, cheio de engano e de malícia, perverte os caminhos do Senhor (Atos 13.10)*

O inimigo é mentiroso e pai da mentira, homicida:

> *Vós sois do diabo, que é vosso pai, e quereis satisfazer-lhe os desejos. Ele foi homicida desde o princípio e jamais se firmou na verdade, porque nele não há verdade. Quando ele profere mentira, fala do que lhe é próprio, porque é mentiroso e pai da mentira. João 8.44*

O inimigo é sedutor de todo o mundo

Ele arrebata a Palavra de Deus dos corações, para não crerem e não serem salvos. Ovelha, estar em contato com a Palavra de Deus é o que nos faz fixar, como uma âncora, a Verdade. Leiamos a palavra com prioridade, lembrando-nos de que a falta de conhecimento de Deus é motivo de nossas fraquezas, e disso o inimigo se aproveita.

Este é o sentido da parábola: a semente é a palavra de Deus. A que caiu à beira do caminho são os que a ouviram; vem, a seguir, o diabo e arrebata-lhes do coração a palavra, para não suceder que, crendo, sejam salvos. Lucas 8.11-12

O meu povo está sendo destruído, porque lhe falta o conhecimento. Oséias 4.6

Estes são alguns traços do inimigo. Porém, se escavar as Escrituras, há muito mais para conhecer.

Ovelhas, enquanto tomamos conhecimento sobre o ardiloso inimigo de nossas almas, oremos e peçamos ao Senhor dos Exércitos que sua graça bendita esteja sobre as nossas vidas, dando-nos poder em Cristo para resistirmos às ciladas e perseveramos no conhecimento de Cristo que nos dá a vitória pela sua morte na cruz.

No próximo artigo, vamos aprender sobre o *Cerco do inimigo*, como somos sitiadas e como devemos estar preparadas para este dia.

CAPÍTULO 2
O cerco inimigo

Quando saíres à peleja contra os teus inimigos e vires cavalos, e carros, e povo maior em número do que tu, não os temerás; pois o SENHOR, teu Deus, que te fez sair da terra do Egito, está contigo.

Quando vos achegardes à peleja, o sacerdote se adiantará, e falará ao povo, e dir-lhe-á: Ouvi, ó Israel, hoje, vos achegais à peleja contra os vossos inimigos; que não desfaleça o vosso coração; não tenhais medo, não tremais, nem vos aterrorizeis diante deles, pois o SENHOR, vosso Deus, é quem vai convosco a pelejar por vós contra os vossos inimigos, para vos salvar. Deuteronômio 20.1-4

O cerco de guerra acontece quando o inimigo está impedido de atacar o alvo e sitia o seu adversário de forma que fique isolado, sem fonte de alimento, água ou contato com outras pessoas fora do cerco. Esse sistema tem o objetivo de acabar com todas as fontes de subsistência, forçando o adversário à rendição para ser subjugado ao inimigo e finalmente permanecer como escravo.

Durante o cerco, para acelerar o processo de rendição, o inimigo usa algumas táticas de ataque. Vamos conhecer as táticas do cerco inimigo a fim de nos prepararmos para vencer a guerra.

> *Sitiar-te-á em todas as tuas cidades, até que venham a cair, em toda a tua terra, os altos e fortes muros em que confiavas; e te sitiará em todas as tuas cidades, em toda a terra que o Senhor, teu Deus, te deu.*
> **Deuteronômio 28.52**

O ATAQUE INIMIGO

Criando uma brecha numa das muralhas.

Tendo ouvido Sambalate, Tobias, Gesém, o arábio, e o resto dos nossos inimigos que eu tinha edificado o muro e que nele já não havia brecha nenhuma, ainda que até este tempo não tinha posto as portas nos portais, Sambalate e Gesém mandaram dizer-me: Vem, encontremo-nos, nas aldeias, no vale de Ono. Porém intentavam fazer-me mal. Neemias 6.1-2

A maioria das cidades, na antiguidade, tinham suas muralhas como a principal defesa e, com isso, podiam sobreviver a um cerco de mais ou menos um ano. As brechas na muralha propiciavam ao inimigo entrar no local sitiado. Geralmente, por essas brechas, entravam vários soldados para facilitar o ataque e a rendição. As brechas são os pontos mais enfraquecidos de uma muralha; essas rupturas facilitam que as aberturas sejam alargadas e que passem por aí os inimigos.

Momento de perguntar: como estão suas muralhas?

Neemias, que levantou os muros de Jerusalém quando o povo judeu estava no cativeiro, colocou guardas em cada parte da reconstrução, cada um no seu posto em frente à sua casa[13], e ali vigiavam a fim de impedirem a entrada dos inimigos pelas portas do muro da cidade.

Neemias, mesmo após ter fechado as brechas do muro, enfrentou inimigos que lutavam contra Israel de três maneiras: Intentando o mal contra ele[14]; amedrontando-o[15]; e destruindo a sua reputação a fim de que o povo desacreditasse em sua liderança[16]. Percebam que, até mesmo para fecharmos as brechas de nossas muralhas, enfrentamos adversidades. Quando o inimigo intentar o mal contra você não desista, pois nós somos mais que vencedoras em Cristo; não fique perturbada pelo medo[17]. Enfatizo a importância de andarmos juntas, unidas no corpo de Cristo, o que nos voltar àquela questão de termos as escrituras ancoradas em nosso coração, para dizermos, quando o inimigo de nossas almas quiser nos atacar com incredulidade: "está escrito", e, por fim, conhecermos os atributos de nosso líder, o Senhor dos Exércitos, a fim de confiarmos cada dia mais em seu amor, poder e majestade.

Mantermos as brechas bem fechadas e vigiadas é uma excelente tática de defesa, além de ser uma estratégia corporativa, pois, cada uma vigiando no lugar em que o Senhor a colocou, podemos vigiar todas as portas simultaneamente. Lembre-se de que fazemos parte do Corpo de Cristo, cada uma de nós com seus dons e talentos, juntas e vigilantes. Ah, mas Neemias usava a maior de todas as estratégias: a dependência do Senhor em oração o mantinha conectado ao seu líder:

Agora, pois, ó Deus, fortalece as minhas mãos. Neemias 6.9

Você tem vigiado suas fronteiras? Fronteira é um lugar propício para pecarmos, pois olhamos para fora do muro que nos cerca e protege, para o mundo, e, sabe, nossos olhos cobiçam[18], distraem-nos da vigilância e PUMBA! Levamos um tiro na testa! Despencamos de cima do muro no colo do pecado! Afastamo-nos da cruz de Cristo e lá vamos nós para o cativeiro, escravas do pecado novamente.

Abrindo os portões para permitir a entrada das tropas.

Também havia, na época medieval, a tática de vários guerreiros forçarem os portões com um tronco de árvore; eles batiam insistentemente até que o portão cedesse e os guerreiros inimigos pudessem entrar aos bandos e atacar a fortaleza por dentro. Amadas, existe uma multidão de inimigos que podem romper nossos portões e nos atacar por dentro; se um deles entra em nossa cidadela os outros acabam encontrando caminho para entrarem também, portanto, não permita que a carne vença o Espírito. Vigie e ore por graça.

> *Digo, porém: andai no Espírito e jamais satisfareis à concupiscência da carne. Porque a carne milita contra o*

Espírito, e o Espírito, contra a carne, porque são opostos entre si; para que não façais o que, porventura, seja do vosso querer. Ora, as obras da carne são conhecidas e são: prostituição, impureza, lascívia, idolatria, feitiçarias, inimizades, porfias, ciúmes, iras, discórdias, dissensões, facções, invejas, bebedices, glutonarias e coisas semelhantes a estas, a respeito das quais eu vos declaro, como já, outrora, vos preveni, que não herdarão o reino de Deus os que tais coisas praticam. Gálatas 5.16,17,19-21

Subornando alguém dentro das muralhas

Ou infiltrando um espião que então se encarregaria de abrir os portões para as tropas invasoras. Em nosso caso, o pecado entrou por Adão:

Portanto, assim como por um só homem entrou o pecado no mundo, e pelo pecado, a morte, assim também a morte passou a todos os homens, porque todos pecaram. Rm 5.12

O inimigo é sedutor, ele distorce a verdade em mentiras para nos enganar, lembre-se sempre disso!

Mas o Senhor dos Exércitos venceu o pecado e nos trouxe à vida.

Ele nos libertou do império das trevas e nos transportou para o reino do Filho do seu amor, no qual temos a redenção, a remissão dos pecados. Colossenses 1.13-14

Cadáveres em putrefação

Preste atenção a esta tática, ela é assustadora, temos que redobrar aqui a nossa atenção. Guerreiros medievais lançavam cadáveres em putrefação ou infectados com peste dentro da fortaleza para disseminação de doenças. Nesta tática, vemos como a contaminação se expande.

O contágio através dos mortos pode acontecer conosco quando sistematicamente convivemos com os mortos espirituais. Os mortos espirituais amam o mundo e as coisas do mundo, são inimigos de Deus, seus valores estão distorcidos, eles servem ao inimigo, e é fácil nos contaminarmos com seus pensamentos, atitudes e desejos se andarmos mais com os mortos do que com os renascidos. Com quem você tem tido mais comunhão?

Não ameis o mundo nem as coisas que há no mundo. Se alguém amar o mundo, o amor do Pai não está nele. 1 João 2.15

> *Isto, portanto, digo e no Senhor testifico que não mais andeis como também andam os gentios, na vaidade dos seus próprios pensamentos, obscurecidos de entendimento, alheios à vida de Deus por causa da ignorância em que vivem, pela dureza do seu coração, os quais, tendo-se tornado insensíveis, se entregaram à dissolução para, com avidez, cometerem toda sorte de impureza.*
> Efésios 4.17-19

Quero, agora, que foque sua atenção em outro tipo de cadáver que as mulheres podem deixar que apodreçam dentro de suas moradas e contaminem todo o seu ser. Este cadáver é a culpa pelos pecados do passado. Ah, ovelha querida, sei como é tentar esconder um cadáver embaixo do tapete, não cabe de jeito nenhum, além disso, fede de longe! Mas, aleluia, temos um cordeiro santo que fez o sacrifício perfeito, de uma vez por todas, para nos purificar das obras mortas:

> *Portanto, se o sangue de bodes e de touros e a cinza de uma novilha, aspergidos sobre os contaminados, os santificam, quanto à purificação da carne, muito mais o sangue de Cristo, que, pelo Espírito eterno, a si mesmo se ofereceu sem mácula a Deus, purificará a nossa consciência de obras mortas, para servirmos ao Deus vivo!* Hebreus 9.13,14

E ainda:

Se, porém, andarmos na luz, como ele está na luz, mantemos comunhão uns com os outros, e o sangue de Jesus, seu Filho, nos purifica de todo pecado. Se confessarmos os nossos pecados, ele é fiel e justo para nos perdoar os pecados e nos purificar de toda injustiça. 1João 1.7,9

Água envenenada

Era outra tática usada pelo inimigo para fechar o cerco e deixar o adversário morrer de sede. Sabe, se você tem sede e a água potável está em falta, você pode acabar tomando água envenenada para saciar-se. É necessário buscar as verdadeiras fontes de água potável. Então, eu te pergunto, você sabe reconhecer os falsos mestres, ministros de falsos ensinamentos? Eles estão colocando veneno em sua fonte de água! Ovelha, a sua bíblia é a fonte de águas doces, busque a palavra de Deus, ore ao Espírito Santo, autor das escrituras, para que te conceda entendimento da palavra revelada; ele vai te dar graça para prosseguir conhecendo as suas ordenanças sem engano.

Assim como, no meio do povo, surgiram falsos profetas, assim também haverá entre vós falsos mestres, os quais introduzirão,

> *dissimuladamente, heresias destruidoras, até ao ponto de renegarem o Soberano Senhor que os resgatou, trazendo sobre si mesmos repentina destruição. 2 Pedro 2.1*

A fome

Cortar as fontes de alimento também faz parte do cerco inimigo; ninguém sobrevive sem alimento. Se você está cercada pelo inimigo há muito tempo é provável que esteja passando fome, e a desnutrição fará de você um alvo fácil. Você facilmente será corrompida, também poderá se render ao inimigo e ainda poderá se tornar uma fonte de enfraquecimento para aqueles que estão ao seu redor, pois terão de tratar de você para que não sucumba. Ovelha, quero te lembrar de que o nosso alimento é o Pão da Vida[19], Jesus. Se você está longe de Cristo você, vai ficar com fome.

> *Declarou-lhes, pois, Jesus: Eu sou o pão da vida; o que vem a mim jamais terá fome. João 6.35*

Cristo é o cabeça do corpo, a igreja, onde operamos corporativamente com outras ovelhas. Se você não está colaborando com o corpo de Cristo, é muito provável que você esteja minando o corpo. Ovelha, o Senhor te concedeu dons para servir ao corpo, somos doadoras da graça de Deus:

> Servi uns aos outros, cada um conforme o dom que recebeu, como bons despenseiros da multiforme graça de Deus. 1 Pedro 4.10

Jesus foi tentado no deserto após 40 dias de jejum; ele devia ter bastante fome naquele momento, no entanto não se corrompeu, não pecou, mas disse ao tentador de nossas almas:

> Jesus, porém, respondeu: Está escrito: Não só de pão viverá o homem, mas de toda palavra que procede da boca de Deus. Mateus 4.4

Ovelha, se o Senhor Jesus nos deu seu testemunho de que a palavra de Deus o sustentou, quanto mais nós seremos sustentadas pela santa palavra. Sature-se da palavra, não passe fome!

Descanso

Amiga ovelha, quando lutamos sozinhas, o cansaço nos enfraquece de várias maneiras. O soldado cansado não raciocina bem, tem a mente turva, os reflexos lentos, a fala pastosa.

O Senhor nos dá um descanso: Jesus. Conhecer Jesus nos dá descanso.

> *Vinde a mim, todos os que estais cansados e sobrecarregados, e eu vos aliviarei. Tomai sobre vós o meu jugo e aprendei de mim, porque sou manso e humilde de coração; e achareis descanso para a vossa alma. Mateus 11.28,29*

Está cansada? Descanse em Cristo e siga, ovelha.

Há a promessa de descanso eterno para quem crer em Jesus e obedecer às suas ordenanças, embora este dia ainda não tenha chegado, a promessa deve nos dar ânimo e confiança na graça futura.

> *E contra quem jurou que não entrariam no seu descanso, senão contra os que foram desobedientes? Hebreus 3.18*

> *Nós, porém, que cremos, entramos no descanso. Hebreus 4.3*

O inimigo não pode sustentar o cerco em torno de uma fortaleza

Dificulte a ação do inimigo no cerco, resista, fique sempre firme no Senhor dos Exércitos, e o inimigo não resistirá por muito tempo no cerco; ele buscará adversários mais fáceis de serem vencidos.

> *Sujeitai-vos, portanto, a Deus; mas resisti ao diabo, e ele fugirá de vós. Tiago 4.7*

Avante, Ovelha!

Nosso próximo treinamento de guerra será conhecer o território inimigo.

Aliste-se aqui para conhecer os campos de batalha!

CAPÍTULO 3
Os territórios de guerra

Louva, Jerusalém, ao SENHOR; louva, Sião, ao teu Deus. Pois ele reforçou as trancas das tuas portas e abençoou os teus filhos, dentro de ti; estabeleceu a paz nas tuas fronteiras e te farta com o melhor do trigo. (Salmo 147.12-14)

Conhecer os territórios da guerra é um dos pontos importantes das estratégias de guerra, saber os recursos que o espaço nos oferece e as dificuldades do território pode nos favorecer no confronto.

O MUNDO

Guerra no território do inimigo

A Bíblia usa a palavra mundo de diversas formas, tanto em seu sentido físico (planeta Terra) quanto social e espiritual (cidades e sociedades). Ela ensina que Deus criou o mundo:

> *O Deus que fez o mundo e tudo o que nele existe, sendo ele Senhor do céu e da terra. Atos 17.24*

Deus criou um mundo onde tudo era bom:

> *Viu Deus tudo quanto fizera, e eis que era muito bom. Assim, pois, foram acabados os céus e a terra e todo o seu exército. Gênesis 1.31-2.1*

Ovelha, quando Adão caiu, isso afetou o mundo fisicamente, socialmente e espiritualmente. O mundo continua pertencendo a Deus, embora esteja corrompido sob os poderes do maligno[20]. A terra foi entregue à vaidade, e as sociedades dos homens ficaram corruptas – sistemas caídos dominados pelo maligno.

Toda a autoridade tanto nos céus como na terra foi dada a Cristo com a sua vinda, e o diabo foi subjugado. Embora o mundo pertença ao Senhor, ainda não chegou o dia de novos céus e nova terra. Enquanto esperamos por este dia, o mundo ainda é lugar de corrupção. Vivemos entre esta era caída e a nova era que Cristo conquistou na cruz.

O mundo é o nosso atual território da guerra

Ovelha, é guerra e estamos no território inimigo, mas nem por isso precisamos andar camufladas ou usar o uniforme do inimigo para não sermos reconhecidas, NÃO! Ao contrário disso, nós, que somos de Cristo, nos vestimos de santidade, e nossas vestes têm que ser destacadamente alvas, como a neve. Submetemo-nos ao poder da graça generosa de Deus que nos transforma de glória em glória para termos as vestes limpas. Nós somos do exército de Cristo, enviadas[21] para fazermos a diferença neste mundo tenebroso, somos LUZ[22] e SAL, somos a candeia acesa para iluminar[23] e não para ficarmos escondidas reféns do medo ou da preguiça, porque o mundo não reconheceu a verdadeira luz[24] que veio ao mundo, Jesus, o Salvador do Mundo![25]

O inimigo quis subjugar até nosso Senhor Jesus Cristo[26], quanto mais nós, ovelhas (tontas), não seremos enganadas e trapaceadas em território inimigo. Por isso, nos reunimos e congregamos com os santos, para recebermos as instruções do Senhor dos Exércitos e estarmos cada dia mais aptas para, em Cristo[27], vencermos esta guerra. Porque Deus nos ama, ama, ama, tanto e tão intensamente, que nos enviou seu Filho para nos dar a vida eterna[28] e derrotar a morte que nos mantinha cativas.

Amada ovelha, não se engane com as coisas deste mundo, tudo aqui é passageiro; preocupe-se em amar e gastar sua vida com as coisas eternas[29], aquelas coisas que não vemos como vemos as coisas deste reino, lembre-se de que cobiçamos[30] aquilo que idolatramos e nos tornamos parecidas com o que idolatramos. Para onde você está olhando?

> *Não ameis o mundo nem as coisas que há no mundo. Se alguém amar o mundo, o amor do Pai não está nele; porque tudo que há no mundo, a concupiscência da carne, a concupiscência dos olhos e a soberba da vida, não procedem do Pai, mas procede do mundo. Ora, o mundo passa, bem como a sua concupiscência; aquele, porém, que faz a vontade de Deus permanece eternamente. 1 João 2.15-17*

A sabedoria do mundo x a sabedoria de Deus

O sistema do mundo tem sua própria sabedoria[31] em contraste com o conhecimento de Cristo, que é sabedoria de Deus[32], por isso precisamos estar saturadas do Pão da Vida, Cristo, o Verbo encarnado que é o Vencedor do mundo[33].

O Senhor nos capacita a vencermos o mundo pela fé[34] e a suportarmos as tribulações[35] que são passageiras. É, ovelha, tudo vai passar com exceção da Palavra de Deus! Não sejamos amigas deste mundo, nem conformadas a esta era. Esperemos pelo novo céu e nova terra, onde o príncipe deste mundo já terá sido julgado e expulso.[36] Aleluia!

> *Nós, porém, segundo a sua promessa, esperamos novos céus e nova terra, nos quais habita justiça. 2 Pedro 3.13*

E, finalmente, o Senhor reinará neste mundo por todos os séculos.

> *O reino do mundo se tornou de nosso Senhor e do seu Cristo, e ele reinará pelos séculos dos séculos. Apocalipse 11.15*

A MENTE

Guerra em nosso território

No capítulo anterior estudamos as estratégias de ação de nosso oponente no território inimigo, o mundo. Agora nós vamos conhecer como o inimigo guerreia em nossos próprios territórios: nossa mente e coração.

Está preparada? Aliste-se, conheça as estratégias de uma guerreira e esteja preparada para as lutas; elas virão!

NOSSA MENTE

> *Rogo-vos, pois, irmãos, pelas misericórdias de Deus, que apresenteis o vosso corpo por sacrifício vivo, santo e agradável a Deus, que é o vosso culto racional. E não vos conformeis com este século, mas transformai--vos pela renovação da vossa mente, para que experimenteis qual seja a boa, agradável e perfeita vontade de Deus. Romanos 12.1-2*

MENTE CORROMPIDA

Pensamentos mentirosos são os inimigos em nossa mente!

Cuidado! Todos os dias temos um bombardeio em nossas mentes. As mentiras entram pelos nossos ouvidos e olhos. Somos vulneráveis aos enganos oferecidos pelo inimigo de nossas almas. Estamos expostas a esse bombardeio de informações que chegam até nós de várias formas diferentes. Rapidamente essas informações circulam pelas redes sociais, e fragmentos das bombas das mentiras ficam impregnadas em nossa mente. Há, também, aquelas mentiras que chegam em rodas de amigas, pela boca das vizinhas, pelas aulas nas escolas e universidades.

Diariamente vivemos dentro de um **real ataque** de falsas notícias, e ainda temos aqueles pensamentos paralisantes que nossas próprias mentes produzem!

Como nos preparamos para não sucumbir às mentiras?

Nossa mente é suscetível aos ruídos diários, às diversas vozes que enlaçam nossos pensamentos e evocam nossos próprios desejos, medos e anseios.

Imagine sua mente como um território desocupado, vazio, sem fronteiras definidas, sem vigias, com uma população (os seus pensamentos) desarmada, despreparada para lutar durante um ataque inimigo. Em um cenário assim é fácil presumir que o território está vulnerável à chegada do inimigo, pronto para ele invadir, tomar posse, estabelecer-se, fincar raízes e governar!

Quando o inimigo invade o nosso território - nossa mente – ele estabelece sua cultura: música, literatura, arte, educação, economia, política e filosofia. Começa devastando tudo o que aprendemos, conhecemos e aquilo em que acreditamos; ele quer destruir nossa identidade para nos tornar cativas ao seu senhorio.

> *"Cuidado que ninguém vos venha a enredar com sua filosofia e vãs sutilezas, conforme a tradição dos homens, conforme os rudimentos do mundo e não segundo Cristo." Colossenses 2.8*

O inimigo em nossa mente é aquele pensamento fútil, mesquinho, inapropriado, orgulhoso, sutil e que você e eu permitimos ser o senhor de nossa mente!

> *Outrora, porém, não conhecendo a Deus, servíeis a deuses que, por natureza, não o são; mas agora que conheceis a Deus ou, antes, sendo conhecidos por Deus, como estais voltando, outra vez, aos rudimentos fracos e pobres, aos quais, de novo, quereis ainda escravizar-vos? Gálatas 4.8-9*

Temos que guardar nossa mente em Cristo! Vigiai e orai, esteja preparada para não cair em tentação![37]

MENTE CATIVA A CRISTO

Como você tem defendido o seu território? Você tem feito uma ocupação saudável em sua mente? Tem treinado seu exército (seus pensamentos) com regularidade e disciplina? Ocupando seu território com pensamentos do nosso reino verdadeiro, o céu?

> "Portanto, se fostes ressuscitados juntamente com Cristo, buscai as coisas lá do alto, onde Cristo vive, assentado à direita de Deus. Pensai nas coisas lá do alto, não nas que são aqui da terra." Colossenses 1.1-2

O bom líder torna os seus soldados aptos para enfrentar as lutas através de muita disciplina, obediência às regras e submissão e respeito aos superiores. Além disso, o exército é um grupo que luta em conjunto, em que as pessoas se apoiam umas nas outras, cuidam umas das outras, combatem as batalhas em um esforço conjunto sob o comando de um bom líder.

Como podemos nos manter firmes diante das mentiras do inimigo se não conhecemos as verdades de Deus? Conhecendo a verdade! A verdade é Cristo (Jo 14.6)[38], a Verdade nos liberta (Jo 8.32)[39] das mentiras que o sistema do mundo insiste em plantar em nossas mentes, tornando nossos pensamentos turvos e sombrios.

Nosso general é Cristo, nele temos a fonte de toda sabedoria (1Co 1.24b)[40] e mansidão (Mt 11.29)[41] que nossa mente necessita para vencer ansiedades e medos.

Jesus é a nossa paz (Is 9.6)[42], ele traz paz e ordem à confusão de nossos pensamentos intoxicados pelas mentiras. O nosso Senhor Jesus garante a paz em nossas fronteiras (Sl 147.14)[43]

Ocupe o seu território: pensamentos cativos a Cristo

Ovelha, você e eu precisamos que Cristo seja o líder absoluto de nossos pensamentos. Lute de verdade, se esforce para ter disciplina e aprender de Cristo. Estar aos pés do Senhor dos Exércitos vai manter seus pensamentos seguros, alinhados com os do nosso Senhor, prontos para refutar as mentiras e assegurar que o território de sua mente não seja ocupado pelos inimigos trapaceiros!

> *"Habite, ricamente, em vós a palavra de Cristo; instruí-vos e aconselhai-vos mutuamente em toda a sabedoria, louvando a Deus, com salmos, e hinos, e cânticos espirituais, com gratidão, em vosso coração."*
> Colossenses 3.16

Ovelha, nós temos refúgio e fortaleza em Cristo, ele é o nosso Socorro, quando a guerra estiver acontecendo em nosso território, temos que nos refugiar na Verdade para não nos tornamos reféns dos inimigos!

> *"E a paz de Deus, que excede todo o entendimento, guardará o vosso coração e a vossa mente em Cristo Jesus. Finalmente, irmãos, tudo o que é verdadeiro, tudo o que é respeitável, tudo o que é justo, tudo o*

que é puro, tudo o que é amável, tudo o que é de boa fama, se alguma virtude há e se algum louvor existe, seja isso o que ocupe o vosso pensamento." Filipenses 4.7-8

Avante, ovelha!

O CORAÇÃO – GUERRA EM NOSSO TERRITÓRIO

Amanda Mara simplesmente acreditou que seu coração estava verdadeiramente amando. Não conseguia ter clareza em sua mente, mas seu coração... Ah! Esse transbordava de uma nova emoção. Não conseguia parar de pensar naquele rapaz: seu olhar profundo, o riso solto, a popularidade e o magnetismo de sua presença. Borboletas no estômago. As emoções começaram a ficar fora de controle. Ele aparecia no corredor da universidade e a resposta do coração de Amanda Mara àquela visão era disparar desesperadamente! Suas mãos suavam, a respiração ficava descompassada. A adrenalina bombardeava todo o seu sistema nervoso.

Inundada por emoções e sentimentos que faziam da sua mente uma nau sem rumo, as coisas começaram a sair de perspectiva para ela, se tornaram turvas naquelas muitas águas. Não tinha mais concentração para estudar sem que seus pensamentos fossem invadidos pelas borboletas do amor. No trabalho, ela mal conseguia se concentrar. Entre as amigas, não era mais capaz de manter uma conversa sem que sua atenção fosse sequestrada sagazmente pelo seu coração. Bandido coração. Estava rendida. O amor controlou todas as áreas de sua existência.

Coração enganador

Nessa linda, inebriante história de amor, Amanda Mara não está vestida em tons pastéis, saltitando como uma gazela em campos floridos de primavera, com os cabelos loiros cacheados refletindo a luz dourada do sol. Não! Ela está em um cenário nada acolhedor, o céu começa a enegrecer e, ao longe, podemos ver os raios estalando no alto. Nada de romance, nenhuma alegria verdadeira. Amanda Mara perdeu-se no emaranhado de seus afetos desordenados pela intempestividade de suas emoções.

Coração criado por Deus

Você já se sentiu assim? Já sentiu em seu coração um sentimento tão inebriante que a fez perder sua verdadeira identidade? Aliás, você se lembra de quem você é? Para quem você foi criada?

Vamos voltar às nossas origens, lá no paraíso, o Éden? Fomos criadas à imagem e semelhança de Deus. Criadas com um propósito e um papel a desempenharmos, ajudadoras idôneas (não embasbacadas[44]).

> "Recordar-te-ás de todo o caminho pelo qual o Senhor, teu Deus, te guiou no deserto estes quarenta anos, para te humilhar, para te provar, para saber o que estava no teu coração, se guardarias ou não os seus mandamentos." Deuteronômio 8.2

Coração após a Queda

Ovelha, se o seu coração é o centro de sua vida, é bem provável que sua existência se torne um fardo pesado e desajeitado para carregar. Quando o nosso coração governa a nossa vida, tudo ao redor fica disperso, e nossos relacionamentos são os primeiros a sentirem o efeito disso. Nosso relacionamento com Deus deixa de ser o mais importante, o primordial, então, nosso tempo com Deus vai sendo estrangulado até sucumbir sem ar. Mas nós não podemos perceber isso, pois o coração intoxicado pelos sentimentos exacerbados nos cegou!

Nós não fomos criadas para amar mais alguém do que a Deus. Mas o nosso coração vai insistir hoje, amanhã e depois de amanhã em nos fazer amar descabidamente outro ser humano ou alguma outra coisa mais do que a Deus, e isso vai parecer natural, simples, perfeito.

MENTIRA! MENTIRA! MENTIRA! Coração enganoso. NÃO SIGA O SEU CORAÇÃO!

Coração regenerado

Vamos arrumar essa confusão no coração de Amanda Mara e colocar cada coisa em seu lugar.

Se (e somente se – expressão de lógica, lembra-se?) seu coração estiver preenchido pelo verdadeiro, único e absoluto Senhor, você realmente poderá resistir às ciladas do inimigo, e aqui nosso inimigo são nossos sentimentos e emoções descontrolados.

Ovelha, precisamos ter nosso coração apropriadamente ocupado por Deus. Perceba, não adianta apenas ter um espaço certo para Deus – o seu coração, temos que *ocupar* o território para que o inimigo não avance e faça ocupação inapropriada.

Quando o inimigo invade nosso território – o coração – ele investe com armamento pesado para apropriar-se de nossas emoções. Ele certifica-se de que elas estarão controladas a fim de que sejamos escravas das mentiras do engano e, uma vez escravizadas, serviremos aos pecados que essas emoções desordenadas vão desejar ardentemente.

Quem é mesmo o pai da mentira?

Ah, lembrou-se, não é?

Quando nossas emoções ficam reféns das mentiras, elas expulsam o que é verdadeiro, justo e santo (o Espírito Santo) e nos enchem de lorotas e contos de fadas de princesas (que não existem) e príncipes perfeitos (que também não existem) que nos resgatarão de uma vidinha mais-ou-menos. MENTIRA! Quem nos resgatou e pagou o preço por nossas almas foi Jesus Cristo na cruz. O valor disso é ETERNO. Ovelha, eterno e com alto preço! Somente Deus poderia ter feito isso por nós. Olhando para essa justiça, podemos expulsar grandes inimigos. Creia, confie, tenha sua fé firmada na Rocha.

"Sobre tudo o que se deve guardar, guarda o coração, porque dele procedem as fontes da vida. Provérbios." 4.23

Coração bem guardado

"Bem-aventurados os que guardam as suas prescrições e o buscam de todo o coração." Salmo 119.2

Acima, falamos de Amanda Mara, mas há Raquéis que amam ídolos do lar[45] ou que amam mais os filhos[46] do que a Deus. Há tantas outras senhoras e senhores que dominam e governam e tomam posse de nossos territórios.

O resumo é: tenha as Escrituras guardada em seu coração, território ocupado pela Palavra e protegido das ciladas do inimigo. Simples: leia, escute a Palavra de Deus sistematicamente, com zelo, amor e a atenção que ela merece. Se você faz a sua parte e se responsabiliza pelo planejamento de organizar seu tempo, espaço, mente e coração para estar com a Palavra de Deus, o Espírito Santo poderá operar maravilhas com os recursos que você vai acumulando em seu tempo disciplinado com a Palavra.

O seu coração estando ocupado pela Palavra de Deus fará com que você esteja em segurança contra as invasões adversas do inimigo.

"E a paz de Deus, que excede todo o entendimento, guardará o vosso coração e a vossa mente em Cristo Jesus." Filipenses 4.7

Guarde o seu coração, ovelha!

CAPÍTULO 4
Vestindo a armadura de Deus

"Quanto ao mais, sede fortalecidos no Senhor e na força do seu poder. Revesti-vos de toda a armadura de Deus, para poderdes ficar firmes contra as ciladas do diabo; porque a nossa luta não é contra o sangue e a carne, e sim contra os principados e potestades, contra os dominadores deste mundo tenebroso, contra as forças espirituais do mal, nas regiões celestes. Portanto, tomai toda a armadura de Deus, para que possais resistir no dia mau e, depois de terdes vencido tudo, permanecer inabaláveis. Estai, pois, firmes, cingindo-vos com a verdade e vestindo-vos da couraça da justiça. Calçai os pés com a preparação do evangelho da paz; embraçando sempre o escudo da fé, com o qual podereis apagar todos os dardos inflamados do Maligno. Tomai também o capacete da salvação e a espada do Espírito, que é a palavra de Deus; com toda oração e súplica, orando em todo tempo no Espírito e para isto vigiando com toda perseverança e súplica por todos os santos e também por mim; para que me seja dada, no abrir da minha boca, a

palavra, para, com intrepidez, fazer conhecido o mistério do evangelho, pelo qual sou embaixador em cadeias, para que, em Cristo, eu seja ousado para falar, como me cumpre fazê-lo." Efésios 6.10-20

O UNIFORME DA GUERREIRA – ARMADURA DE DEUS!

Ovelha, se você está alistada como soldado no exército de Cristo necessita estar vestida adequadamente para a guerra, uniformizada para ser reconhecida pelo seu exército e não ser confundida com o inimigo.

Estar revestida de toda a armadura de Deus significa que nenhuma parte de sua pessoa pode estar descoberta, pois uma parte sendo atingida e ferida poderá ser o foco de uma infecção generalizada que poderá causar vários tipos de contaminação e até levar à morte. Por isso, não fará sentido você estar uniformizada da cabeça até as canelas e calçar seus pés com chinelos de dedo que te deixarão vulneráveis. Não, não menospreze nenhuma parte da vestimenta (Ef 6.13), somos instruídas pelo nosso "manual" de guerra, a Palavra de Deus, a estarmos "calçadas" corretamente (Ef 6.14).

Vestir a armadura de Deus é revestir-se espiritualmente, pois, os inimigos, os seres espirituais malignos que estão nas regiões celestiais, são invisíveis aos nossos olhos, não são de carne e osso (Ef 6.12).

Com a armadura completa, poderemos resistir, perceba que estamos nos posicionando na defesa (nem no ataque, nem na "caça" dos inimigos!). Essa estratégia de guerra é uma instrução dada com a intenção de criarmos "músculos" espirituais, pois quem resiste suporta uma força contrária, temos que, no mínimo, ter a mesmo poder de força do inimigo para permanecermos inabaláveis. Ei! Mas espere, pense, nós podemos suportar a força de um inimigo que nem ao menos podemos ver?!

Não! Não conhecemos o seu tamanho, a sua força, nem quando receberemos suas investidas.

Mas nós podemos conhecer Cristo, nosso general, e nos revestir da força de seu poder que é incomparavelmente maior de que qualquer outro poder. Ele está acima do mal, ele é o Todo-Poderoso.

Guerreiras se tornam mais aptas para a luta quando estão protegidas com a Armadura de Deus. Nenhuma roupa que possamos fazer com nossas próprias mãos (Gn 3.7) será suficiente para nos livrar, para nos salvar. Então nos despimos de nossos trapos (Is 64.6) e nos revestimos de Cristo (Gl 3.27) suficiente salvador.

Instruções para a armadura de guerra

1. Despir-se do velho homem (Ef 4.22)

Estamos sujeitas a todo tipo de corrupção, então, livre-se dos velhos hábitos, do velho vocabulário, de velhos pensamentos. Para isso tem que substituir o velho pelo novo. Vá na Bíblia!

2. Não inicie seu dia com a roupa errada (Ef 6.11)

Você não vai a uma festa com sua roupa de ginástica, não é mesmo? Então saia de casa com a sua roupa de mulher de guerra: A Armadura de Deus!

3. Uma guerreira anda bem equipada

A espada do espírito é a sua principal arma contra o mal, tanto o mal em seu território (sua mente, alma e coração, como no território inimigo). Use capacete: proteja sua mente com a verdade de Deus. Use a couraça da salvação, as sandálias do evangelho da paz. Use todo o equipamento que Jesus conquistou na cruz!

4. Manuseie bem a sua principal arma

Treine com afinco, leia a Palavra de Deus, entenda a palavra de Deus, guarde a palavra de Deus em seu coração. Afie a sua espada!

5. Ore

É o Espírito Santo de Deus que vai a nossa frente conquistando nossas batalhas, abrindo caminho para a Palavra de Deus ser ancorada nos corações.

Ovelha, silencie seu coração e escute o Deus da nossa salvação.

Estejamos prontas para as batalhas.

No próximo treinamento vamos finalmente aprender a lutar como uma mulher (de Cristo).

Ora e segue, ovelha!

CAPÍTULO 5
Tropa de eleitas

LUTE COMO UMA MULHER CRISTÃ

> *Davi, porém, disse ao filisteu: Tu vens contra mim com espada, e com lança, e com escudo; eu, porém, vou contra ti em nome do Senhor dos Exércitos, o Deus dos exércitos de Israel, a quem tens afrontado.* 1 Samuel 17.45

Você já se sentiu intimidada por uma situação de risco? Já esteve oprimida por alguém muito maior e mais potente que você? Eu já estive assim em várias situações. Quando estamos sendo ameaçadas em nossa segurança básica a sombra do inimigo é suficiente para nos fazer tremer de medo. O ruído do galope dos cavalos[47] do exército inimigo lança fora a paz de nossa mente. Os pensamentos aturdidos pelo medo se tornam desgovernados e embaraçados buscam alternativas de combate. Estratégias de guerra são rapidamente traçadas pela mente inquieta.

A invasão do inimigo começa na sua mente

Quando inimigo tira a paz de sua mente ele garante que você estará desprotegida o suficiente para que o ataque avance para seu coração. Seu coração acelera, descompassa, se enfraquece. Depois de dominar a mente e o coração o próximo alvo de avanço inimigo será em seu corpo. Em algum ponto seu corpo vai "gritar" por socorro. Pode ser que seu estômago doa, ou que sua garganta inflame de tanto "gritar" por socorro.

Assustada, enfraquecida e convencida que o mal vence a batalha centímetro por centímetro, você pensa: — a derrota é certa!

Mas não, você resiste mais um pouco porque o Espírito do Senhor dos Exércitos é contigo.

> *"Pois o Senhor, vosso Deus, é quem vai convosco a pelejar por vós contra os vossos inimigos, para vos salvar."* Deuteronômio 20.4

Um novo pensamento vem como uma brisa fresca que o Espírito Santo assoprou em sua mente. Um vislumbre da graça. Você puxa da memória uma ou duas palavras das escrituras que estão impressas em sua alma... e Touché![48]

Então, apressadamente você vai escavar em sua Bíblia todo o verso, o texto todo, o livro inteiro e o Deus vivo se manifesta em seu coração, injeta vida, areja a mente confusa, faz um transplante de coração, ali mesmo, sem anestesia.

Nós não temos condições de planejar estratégias que derrotem um inimigo muito maior que nós, mas nosso Senhor venceu todos os ataques do maligno (Mateus 4), ele venceu a morte[49], nossa maior inimiga. Estão nos revestimos do verbo encarnado, nos preparamos para os dias sangrentos de ataques, batalhas, invasões sorrateiras e covardes, vestimos a armadura de Deus e resistimos ao dia mal.

Você e eu necessitamos estar treinadas adequadamente para a guerra, ela virá, é certo que virá.

Nossas armas

Aprendendo a lutar como uma mulher cristã você estará apta a vencer o mal que nos cerca constantemente[50], mas quais são as nossas armas?

"Porque, embora andando na carne, não militamos segundo a carne. Porque as armas da nossa milícia não são carnais, e sim poderosas em Deus, para destruir fortalezas, anulando nós sofismas." 2 Coríntios 10.3-4

A nossa luta, ovelha, é espiritual, temos que usar armas espirituais. Nossa vitória está garantida em Cristo[51], que nos socorreu com seu sangue, ele lutou a nossa batalha e venceu nosso último inimigo, a morte. Mas enquanto estivermos aqui nesse mundinho caído, temos que vencer o pecado em nós mesmas[52], vencer as ardilosas ciladas do inimigo e vencer o mundo (nossos desejos).

Temos que focar em Cristo, ele é o objeto de nossa fé. Quando nossa fé está em Cristo (e em nada mais) temos a salvação de nossas almas. Resista!

Lute como uma mulher cristã

Ovelha, o Deus vivo nos fará permanecer nele[53], nos dará folga das nossas aflições, ele arrancará nossos pés do laço do inimigo (Sl 31.4)[54]! Ele é a fonte da vida. Siga o Senhor dos Exércitos e permaneça alistada e em treinamento, essa guerra já está vencida.

1. Siga o seu general – A sua principal arma é a fé em Jesus Cristo (se você ainda não tem sua fé[55] depositada em Cristo ore por isso!). Esteja unida, reunida a Jesus todos os dias, ele é seu Maravilhoso Conselheiro (Is 9.6), ele é nossa suficiência.

2. Abra sua boca – Proclame a Palavra de Deus[56] ela abafa o mal no coração do inimigo (Mt 4.4)[57], neutraliza a mentira (Jo 17.17)[58], emana esperança. Resista!

3. Treine junto com o exército – Não se aparte do corpo de Cristo, é na comunhão com os santos que somos fortalecidos em nossa fé e que testemunhamos nosso amor por Cristo, nosso maior tesouro (Jo 13.34-35)[59].

4. Não se enrede com as coisas desse mundo[60] – Aqui tudo é passageiro, mas a vida que temos em Cristo é eterna, é a Cristo que devemos nossa fidelidade. Tenha tempo para treinar seu espírito e estar saturada da sua maior arma: a Palavra de Deus.

Avante, ovelhas eleitas!

CAPÍTULO 6
O descanso da guerreira

Ovelha, em todas as batalhas da guerra há tempo para planejar estratégias, tempo para lutar e tempo para descansar. Porque há tempo para tudo (Ec 3.1-8), até para descansar.

O CANSAÇO

É necessário sermos vigilantes em nossa jornada como peregrinas, no entanto isso se torna possível quando temos zelo pelo nosso descanso. O cansaço entrava as ações[61] dos soldados em batalha de várias maneiras: soldados cansados não raciocinam bem, suas mentes ficam turvas. Os seus corpos ficam fragilizados, com baixa imunidade, os reflexos se tornam lentos dificultando as manobras de defesa. A fala fica pastosa impedindo que os comandos das estratégias da guerra sejam ágeis. Além disso, quando seu corpo e mente estão esgotados é uma grande indicação de que seu espírito também está sendo afetado, tornando-se enfraquecido, desanimado, indefeso.

DESCANSAR É UMA ORDEM!

Precisamos obedecer ao Senhor dos Exércitos e descansar como ele descansou.[62] No entanto, muitas vezes queremos fazer por nós mesmas com nossas próprias forças o trabalho do Capitão.

Sobrecarregamos nossos corpos com a falta de descanso. Dormimos pouco, nos alimentamos de qualquer jeito e com pressa para retornarmos às demandas do dia. E assim, dia a dia, nossas forças vão se exaurindo. Um dia, porém, nos defrontamos com nossos limites e percebemos que esquecemos de parar, de desacelerar e de cuidar de nós mesmas. E então, vem a derrocada. Desanimadas, desfalecemos de cansaço. Então...PÁ! Damos um tiro no nosso próprio pé! Porque o cansaço vai nos tirar a atenção e assim abatidas seremos uma presa fácil de sermos derrotadas[63] pelo inimigo que nos observa[64] atentamente esperando baixarmos a guarda.

Descansar é um importante dever para uma eleita de Cristo estar preparada como uma guerreira de seus exércitos.

É guerra, ovelha, mas o Senhor nos deu o comando de descanso, obedeçamos!

NOSSO DESCANSO É CRISTO

Nós temos um descanso aqui, Jesus, ele é a nossa paz[65].

> "Vinde a mim, todos os que estais cansados e sobrecarregados, e eu vos aliviarei. Tomai sobre vós o meu jugo e aprendei de mim, porque sou manso e humilde de coração; e achareis descanso para a vossa alma. Porque o meu jugo é suave, e o meu fardo é leve." Mateus 11.28-30

Está cansada? Descanse em Cristo. Ele nos faz um convite irrecusável: — *Vinde a mim, todos que estão cansados e sobrecarregados, e eu vos aliviarei."* (Mt 11.28). Esse convite é seguido por uma instrução: colocarmos sobre nós o jugo de Jesus e não apenas isso, mas também aprender dele.

Você sabe o que é um jugo[66]? Jugo é uma peça de madeira que é colocada no pescoço dos bois quando eles são atrelados juntos para puxar um carro de boi ou uma ferramenta agrícola. O jugo faz com que os dois bois da frente, os que direcionam o carro, andem juntos, no mesmo ritmo, na mesma direção. Então, essa é uma parte do convite de Jesus, andar com ele. Sabe o que acontece quando andamos juntos com Jesus? Nós andamos no ritmo dele, caminhamos por onde ele nos direciona, olhamos para onde ele olha e enxergamos a vida com os seus olhos. Observamos como ele fala, age e reage.

O Jugo de Jesus nos faz andar juntinhas com ele, tão pertinho dele para que possamos perceber como seu coração bate, então a segunda parte do convite se realiza: — "aprendei de mim".

Aprender sobre Jesus é libertador. Toda a carga (que nos faz estar pesadas e sobrecarregadas) é lançada fora, porque o amor lança fora o medo[67], a verdade nos liberta[68], as suas promessas nos dão viva esperança[69]. Jesus nos dá descanso, ele acalma nossa alma porque ele é manso e humilde, a sua presença nos dá refrigério. O testemunho do que Jesus fez por nós na cruz nos remete para a glória da graça de Deus. Nos transforma em adoradoras em combate. A morte está vencida, nossa última inimiga! VENCIDA! (Eu escutei aleluias?!).

Quando aprendemos de nosso Senhor e Salvador Jesus Cristo nos moldamos a ele, folgamos na sua sabedoria, descansamos em sua soberania e nos permite sermos fracas, transcendemos as nossas lutas sangrentas e, por fé, enxergamos o que há de vir em glória[70].

O DESCANSO ETERNO, QUEM OBEDECE DESCANSA.

Mas nós ainda temos mais um último descanso. O descanso prometido. Nós esperamos a promessa do descanso mais importante: o descanso eterno! Embora não nos possamos saber o dia e a hora[71] desse dia, a promessa deve nos dar ânimo e confiança na graça futura[72].

> "Porque aquele que entrou no descanso de Deus, também ele mesmo descansou de suas obras, como Deus das suas." Hebreus 4.10

Os que morrem no Senhor descansam de seu cansaço eternamente:

> "Então, ouvi uma voz do céu, dizendo: Escreve: Bem-aventurados os mortos que, desde agora, morrem no Senhor. Sim, diz o Espírito, para que descansem das suas fadigas, pois as suas obras os acompanham." Apocalipse 14.13

O Senhor nos dará descanso eterno das todas as batalhas[73]. Nenhum outro General pode oferecer essa vitória. Aleluias!

Avante, ovelhas, teremos um descanso eterno!

E eis que venho sem demora, e comigo está o galardão que tenho para retribuir a cada um segundo as suas obras. Eu sou o Alfa e o Ômega, o Primeiro e o Último, o Princípio e o Fim. Bem-aventurados aqueles que lavam as suas vestiduras [no sangue do Cordeiro], para que lhes assista o direito à árvore da vida, e entrem na cidade pelas portas. Aquele que dá testemunho destas coisas diz: Certamente, venho sem demora. Amém! Vem, Senhor Jesus! A graça do Senhor Jesus seja com todos. Apocalipse 22.12-14.20-21

CAPÍTULO 7
Memorial de guerra

"Então, lhes direis que as águas do Jordão foram cortadas diante da arca da Aliança do Senhor; em passando ela, foram as águas do Jordão cortadas. Estas pedras serão, para sempre, por memorial aos filhos de Israel." Josué 4.7

CONTE A SUA HISTÓRIA

Ao contarmos às novas gerações o testemunho do poder de Deus, imprimimos em suas mentes e corações a confiança de que sempre seremos guiadas por Deus.

Sim, nosso Deus anda no meio de seu povo, ele vai a frente, mas também protege nossa retaguarda. Sim, ele anda conosco, no meio de nós. Emanuel[74].

Entre uma batalha e outra, quando a guerra cessar é bom que você possa se recordar cada luta vencida. Lembre-se de onde veio a sua força[75]. Quem te protegeu e sustentou. Medite[76] na palavra de Deus que nos guia. Confie nas estratégias[77] de guerra do Senhor dos Exércitos. Guarde no coração as vitórias. Não deixe de anotar as grandes dificuldades e a geografia por onde caminhou. Cada vale[78] enfrentado com fé com certeza te fez uma guerreira mais bem preparada. Cada montanha transpassada que fortaleceu os músculos da sua fé em seu salvador. Lembre-se dos abrigos que o Senhor dos Exércitos providenciou nas grandes dificuldades. Pense em como foi possível enfrentar os gigantes. Recorde cada irmão que o Senhor providenciou para andar ao seu lado: consolando[79], edificando, ensinando.

Edifique um memorial que estampe em sua mente o vigor e a força do Todo-Poderoso Deus pelos campos de batalha.

Nós não andamos sozinhas, não lutamos com nossas próprias forças, nós temos um Senhor dos Exércitos que batalha por nós, que vai a nossa frente[80], que fere o inimigo até apagar a influência dele em nossa terra prometida.

O QUE UM MEMORIAL DE GUERRA PODE FAZER POR NÓS?

Um memorial vai te dar um profundo relacionamento com Deus — algumas lutas são muito particulares, como por exemplo, aquelas que acontecem em lugares ocultos de nossos próprios corações, ali onde apenas você e Deus conhecem. Então, poder recordar-se das maravilhas que Deus fez por você, fará com que você crie um profundo relacionamento com Deus. Uma cumplicidade entre Pai e filha que lhe trará deleite e aumentará sua confiança nos cuidados dele por você.

Um memorial vai fortificar a sua fé no Salvador

Lembrar-se do poder de Deus em meio as guerras vai manter sua fé afiada como uma espada cortante. A fé não permitirá que você foque nas dificuldades, ela fará que você mire no céu onde está nosso Senhor[81].

Um memorial vai resgatar sua alma do abatimento

No dia em que estiver perdendo as forças por causa do cansaço das muitas lutas, ter um memorial do que Deus tem realizado em sua vida será um estímulo para seguir em frete.

Um memorial vai renovar sua esperança na graça futura[82]

Sempre que você olhar para as promessas que o Deus Altíssimo já cumpriu você vai ter suas esperanças renovadas para a vida na terra prometida, diante do trono de Deus.

Um memorial vai suscitar louvores em sua alma!

Louvores brotam de lábios que amam, brotam dos corações agradecidos[83]. Quanto mais andamos com Deus em meio as batalhas, mais o conhecemos. Conhecer o Deus que nos protege e guia pelos campos de batalha nos fará abrir a boca para louvá-lo em sua grandeza e majestade. Mas, se sua batalha ainda não sessou, você pode louvá-lo por fé.

Um memorial vai fazer você confiar na volta de Cristo[84]!

Maranata! O mais importante do memorial é Cristo. Ele não vai nos abandonar nesse mundo tenebroso em meio as lutas. Cristo é o mesmo hoje e sempre. Ele está conosco hoje. Ele virá nos resgatar. Nós viveremos com Jesus Cristo eternamente.

Celebrando as vitórias:

"Este dia vos será por memorial, e o celebrareis como solenidade ao Senhor; nas vossas gerações o celebrareis por estatuto perpétuo." Êxodo 12.14

Quando o anjo do Senhor passou na terra do Egito matando todos os primogênitos dos egípcios e livrando todos os israelitas da escravidão foi deixada uma ordenança para que fosse celebrada a vitória de geração em geração.

Venha celebrar e se alegrar no Deus da nossa salvação!
Avente, ovelha!

Celebrando a vitória

Após as grandes batalhas ficam as perdas, lembranças doídas das cenas da guerra sangrenta, um cansaço das lutas, abatidas, mas não vencidas, seguimos para a grande vitória final onde, enfim, reinaremos eternamente com o nosso Príncipe da Paz, o Maravilhoso Conselheiro, aquele verdadeiro Boaz, Resgatador de nossas almas caídas.

Amada ovelha, no dia das Bodas do Cordeiro, seremos a Noiva adornada com vestes nupciais, purificadas para o casamento eterno.

Habitaremos em novos céus e nova terra onde habita justiça. Então, não haverá mais dor, nem lágrimas, nem luto, e muitos Aleluias serão continuamente ouvidos para louvor da glória de nosso Rei dos reis.

A ele a glória hoje e sempre, Cordeiro Eterno, amado de nossa alma.

Notas

1. Isaías 9.6 Porque um menino nos nasceu, um filho se nos deu; o governo está sobre os seus ombros; e o seu nome será: Maravilhoso Conselheiro, Deus Forte, Pai da Eternidade, Príncipe da Paz.
2. 1 Coríntios 15.26 O último inimigo a ser destruído é a morte.
3. Hb 2.14 Visto, pois, que os filhos têm participação comum de carne e sangue, destes também ele, igualmente, participou, para que, por sua morte, destruísse aquele que tem o poder da morte, a saber, o diabo.
4. Romanos 5.8, 10 Mas Deus prova o seu próprio amor para conosco pelo fato de ter Cristo morrido por nós, sendo nós ainda pecadores. Porque, se nós, quando inimigos, fomos reconciliados com Deus mediante a morte do seu Filho, muito mais, estando já reconciliados, seremos salvos pela sua vida.
Mt 5.8 Bem-aventurados os limpos de coração, porque verão a Deus.
5. Colossenses 1.21 E a vós outros também que, outrora, éreis estranhos e inimigos no entendimento pelas vossas obras malignas.
6. 1 João 2.15 Não ameis o mundo nem as coisas que há no mundo. Se alguém amar o mundo, o amor do Pai não está nele.
7. 1 João 5.5 Quem é o que vence o mundo, senão aquele que crê ser Jesus o Filho de Deus?
8. Romanos 12.2 E não vos conformeis com este século, mas transformai-vos pela renovação da vossa mente, para que experimenteis qual seja a boa, agradável e perfeita vontade de Deus.
9. 2 Coríntios 10.5 E toda altivez que se levante contra o conhecimento de Deus, e levando cativo todo pensamento à obediência de Cristo,
10. Efésios 1.13, 14 Em quem também vós, depois que ouvistes a palavra da verdade, o evangelho da vossa salvação, tendo nele também crido, fostes selados

com o Santo Espírito da promessa; o qual é o penhor da nossa herança, até ao resgate da sua propriedade, em louvor da sua glória.

11 2 Coríntios 3.5 Não que, por nós mesmos, sejamos capazes de pensar alguma coisa, como se partisse de nós; pelo contrário, a nossa suficiência vem de Deus.

12 Gálatas 5.22 Mas o fruto do Espírito é: amor, alegria, paz, longanimidade, benignidade, bondade, fidelidade.

13 Neemias 7.3 E lhes disse: não se abram as portas de Jerusalém até que o sol aqueça e, enquanto os guardas ainda estão ali, que se fechem as portas e se tranquem; ponham-se guardas dos moradores de Jerusalém, cada um no seu posto diante de sua casa.

14 Neemias 6.2-4 Sambalate e Gesém mandaram dizer-me: Vem, encontre-mo-nos, nas aldeias, no vale de Ono. Porém intentavam fazer-me mal. Enviei-lhes mensageiros a dizer: Estou fazendo grande obra, de modo que não poderei descer; por que cessaria a obra, enquanto eu a deixasse e fosse ter convosco? Quatro vezes me enviaram o mesmo pedido; eu, porém, lhes dei sempre a mesma resposta.

15 Neemias 6.5-9 Então, Sambalate me enviou pela quinta vez o seu moço, o qual trazia na mão uma carta aberta, do teor seguinte: Entre as gentes se ouviu, e Gesém diz que tu e os judeus intentais revoltar-vos; por isso, reedificas o muro, e, segundo se diz, queres ser o rei deles, e pusestes profetas para falarem a teu respeito em Jerusalém, dizendo: Este é rei em Judá. Ora, o rei ouvirá isso, segundo essas palavras. Vem, pois, agora, e consultemos juntamente. Mandei dizer-lhe: De tudo o que dizes coisa nenhuma sucedeu; tu, do teu coração, é que o inventas. Porque todos eles procuravam atemorizar-nos, dizendo: As suas mãos largarão a obra, e não se efetuará. Agora, pois, ó Deus, fortalece as minhas mãos.

16 Neemias 6.10-13 Tendo eu ido à casa de Semaías, filho de Delaías, filho de Meetabel (que estava encerrado), disse ele: Vamos juntamente à Casa de Deus, ao meio do templo, e fechemos as portas do templo; porque virão matar-te; aliás, de noite virão matar-te. Porém eu disse: homem como eu fugiria? E quem há, como eu, que entre no templo para que viva? De maneira nenhuma entrarei. Então, percebi que não era Deus quem o enviara; tal

profecia falou ele contra mim, porque Tobias e Sambalate o subornaram. Para isto o subornaram, para me atemorizar, e para que eu, assim, viesse a proceder e a pecar, para que tivessem motivo de me infamar e me vituperassem.

17 Deuteronômio 31.6 Sede fortes e corajosos, não temais, nem vos atemorizeis diante deles, porque o Senhor, vosso Deus, é quem vai convosco; não vos deixará, nem vos desamparará.

18 1 João 2.16 porque tudo que há no mundo, a concupiscência da carne, a concupiscência dos olhos e a soberba da vida, não procede do Pai, mas procede do mundo.

19 João 6.48 Eu sou o pão da vida.

20 1 João 5.19 Sabemos que somos de Deus e que o mundo inteiro jaz no Maligno.

21 Marcos 16.15 Jesus enviou seus discípulos ao mundo.

22 Mateus 5.14 Vós sois a luz do mundo.

23 Lucas 8.16 Ninguém, depois de acender uma candeia, a cobre com um vaso ou a põe debaixo de uma cama; pelo contrário, coloca-a sobre um velador, a fim de que os que entram vejam a luz.

24 1 João 14.4 O Verbo estava no mundo, o mundo foi feito por intermédio dele, mas o mundo não o conheceu. João 1.10w

25 João 4.42 E nós temos visto e testemunhamos que o Pai enviou o seu Filho como Salvador do mundo
Já agora não é pelo que disseste que nós cremos; mas porque nós mesmos temos ouvido e sabemos que este é verdadeiramente o Salvador do Mundo.

26 Mateus 4.8,9 Levou-o ainda o diabo a um monte muito alto, mostrou-lhe todos os reinos do mundo e a glória deles e lhe disse: Tudo isto te darei se, prostrado, me adorares.

27 João 11.25, 26 Disse-lhe Jesus: Eu sou a ressurreição e a vida. Quem crê em mim, ainda que morra, viverá; e todo o que vive e crê em mim não morrerá, eternamente. Crês isto?

28 João 3.16 Porque Deus amou ao mundo de tal maneira que deu o seu Filho unigênito, para que todo o que nele crê não pereça, mas tenha a vida eterna.

29 2 Coríntios 4.18 Não atentando nós nas coisas que se veem, mas nas que se não veem; porque as que se veem são temporais, e as que se não veem são eternas.
30 Colossenses 3.5 Fazei, pois, morrer a vossa natureza terrena: prostituição, impureza, paixão lasciva, desejo maligno e a avareza, que é idolatria.
31 1 Coríntios 1.21 Visto como, na sabedoria de Deus, o mundo não o conheceu por sua própria sabedoria, aprouve a Deus salvar os que creem pela loucura da pregação.
32 1 Coríntios 1.24 Mas para os que foram chamados, tanto judeus como gregos, pregamos a Cristo, poder de Deus e sabedoria de Deus.
33 João 16.33 Eu venci o mundo.
34 1 João 5.4 Porque todo o que é nascido de Deus vence o mundo; e esta é a vitória que vence o mundo: a nossa fé.
35 João 16.33 Estas coisas vos tenho dito para que tenhais paz em mim. No mundo, passais por aflições; mas tende bom ânimo; eu venci o mundo.
36 João 12.31 Chegou o momento de ser julgado este mundo, e agora o seu príncipe será expulso.
37 Colossenses 4.2 Perseverai na oração, vigiando com ações de graças.
38 João 14.6 Respondeu-lhe Jesus: Eu sou o caminho, e a verdade, e a vida; ninguém vem ao Pai senão por mim.
39 João 8.32 e conhecereis a verdade, e a verdade vos libertará.
40 1 Coríntios 1.24b Pregamos a Cristo, poder de Deus e sabedoria de Deus.
41 Mateus 11.29 Tomai sobre vós o meu jugo e aprendei de mim, porque sou manso e humilde de coração; e achareis descanso para a vossa alma
42 Isaías 9.6 Porque um menino nos nasceu, um filho se nos deu; o governo está sobre os seus ombros; e o seu nome será: Maravilhoso Conselheiro, Deus Forte, Pai da Eternidade, Príncipe da Paz.
43 Salmo 147.14 Estabeleceu a paz nas tuas fronteiras e te farta com o melhor do trigo.
44 Embasbacado: que foi surpreendido por (algo ou alguém); que expressa admiração diante de alguma coisa inesperada; pasmado.

45 Gênesis 31.19 Tendo ido Labão fazer a tosquia das ovelhas, Raquel furtou os ídolos do lar que pertenciam a seu pai.
46 Gênesis 30.1 Vendo Raquel que não dava filhos a Jacó, teve ciúmes de sua irmã e disse a Jacó: Dá-me filhos, senão morrerei.
47 Jeremias 47.2b Clamarão os homens, e todos os moradores da terra se lamentarão, ao ruído estrepitoso das unhas dos seus fortes cavalos, ao barulho de seus carros, ao estrondo das suas rodas.
48 Na esgrima, touché (lit. "tocado", em francês; pronuncia-se tu-chê) é usado como um reconhecimento de um golpe, dito pelo esgrimista que foi golpeado.
49 Atos 2.32 A este Jesus Deus ressuscitou, do que todos nós somos testemunhas.
50 1 Pedro 5.8 Sede sóbrios e vigilantes. O diabo, vosso adversário, anda em derredor, como leão que ruge procurando alguém para devorar;
51 Romanos 8.37-39 Em todas estas coisas, porém, somos mais que vencedores, por meio daquele que nos amou. Porque eu estou bem certo de que nem a morte, nem a vida, nem os anjos, nem os principados, nem as coisas do presente, nem do porvir, nem os poderes, nem a altura, nem a profundidade, nem qualquer outra criatura poderá separar-nos do amor de Deus, que está em Cristo Jesus, nosso Senhor.
52 Romanos 6.1-2.6 Que diremos, pois? Permaneceremos no pecado, para que seja a graça mais abundante? De modo nenhum! Como viveremos ainda no pecado, nós os que para ele morremos? Sabendo isto: que foi crucificado com ele o nosso velho homem, para que o corpo do pecado seja destruído, e não sirvamos o pecado como escravos.
53 João 17.10 Se guardardes os meus mandamentos, permanecereis no meu amor; assim como também eu tenho guardado os mandamentos de meu Pai e no seu amor permaneço.
54 Salmos 31.4 Tirar-me-ás do laço que, às ocultas, me armaram, pois tu és a minha fortaleza.
55 Efésios 2.8 Porque pela graça sois salvos, mediante a fé; e isto não vem de vós; é dom de Deus.

56 Hebreus 4.12 Porque a palavra de Deus é viva, e eficaz, e mais cortante do que qualquer espada de dois gumes, e penetra até ao ponto de dividir alma e espírito, juntas e medulas, e é apta para discernir os pensamentos e propósitos do coração.
57 Mateus 4.4 Jesus, porém, respondeu: Está escrito: Não só de pão viverá o homem, mas de toda palavra que procede da boca de Deus.
58 João 17.17b A tua palavra é a verdade.
59 João 13.34-35 Novo mandamento vos dou: que vos ameis uns aos outros; assim como eu vos amei, que também vos ameis uns aos outros. Nisto conhecerão todos que sois meus discípulos: se tiverdes amor uns aos outros.
60 2 Timóteo 2.4 Nenhum soldado em serviço se envolve em negócios desta vida, porque o seu objetivo é satisfazer àquele que o arregimentou.
61 2 Samuel 17.2a Assaltá-lo-ei, enquanto está cansado e frouxo de mãos;
62 Gênesis 2.2-3 E, havendo Deus terminado no dia sétimo a sua obra, que fizera, descansou nesse dia de toda a sua obra que tinha feito. E abençoou Deus o dia sétimo e o santificou; porque nele descansou de toda a obra que, como Criador, fizera.
63 Deuteronômio 25.17-18 Lembra-te do que te fez Amaleque no caminho, quando saías do Egito; como te veio ao encontro no caminho e te atacou na retaguarda todos os desfalecidos que iam após ti, quando estavas abatido e afadigado; e não temeu a Deus.
64 1 Pedro 5.8 Sede sóbrios e vigilantes. O diabo, vosso adversário, anda em derredor, como leão que ruge procurando alguém para devorar.
65 Efésios 2.13-14a Mas agora, em Cristo Jesus, vocês, que antes estavam longe, foram aproximados pelo sangue de Cristo. Porque ele é a nossa paz.
66 Jugo: peça de madeira usada para atrelar bois a carroça ou arado; canga. Parelha de bois.
67 1 João 4.18 No amor não existe medo; antes, o perfeito amor lança fora o medo. Ora, o medo produz tormento; logo, aquele que teme não é aperfeiçoado no amor.
68 João 8.32 E conhecereis a verdade, e a verdade vos libertará.

69 1 Pedro 1.3 Bendito o Deus e Pai de nosso Senhor Jesus Cristo, que, segundo a sua muita misericórdia, nos regenerou para uma viva esperança, mediante a ressurreição de Jesus Cristo dentre os mortos,
70 2 Coríntios 4.17-18 Porque a nossa leve e momentânea tribulação produz para nós um eterno peso de glória, acima de toda comparação, na medida em que não olhamos para as coisas que se veem, mas para as que não se veem. Porque as coisas que se veem são temporais, mas as que não se veem são eternas.
71 Mateus 25.13 Vigiai, pois, porque não sabeis o dia nem a hora.
72 2 Pedro 3.13 Nós, porém, segundo a sua promessa, esperamos novos céus. e nova terra, nos quais habita justiça.
73 Deuteronômio 25.19 Quando, pois, o Senhor, teu Deus, te houver dado sossego de todos os teus inimigos em redor, na terra que o Senhor, teu Deus, te dá por herança, para a possuíres, apagarás a memória de Amaleque de debaixo do céu; não te esqueças.
74 Mateus 1.23 Eis que a virgem conceberá e dará à luz um filho, e ele será chamado pelo nome de Emanuel (que quer dizer: Deus conosco).
75 Êxodo 13.3 Disse Moisés ao povo: Lembrai-vos deste mesmo dia, em que saístes do Egito, da casa da servidão; pois com mão forte o Senhor vos tirou de lá; portanto, não comereis pão levedado.
76 Josué 1.8 Não cesses de falar deste Livro da Lei; antes, medita nele dia e noite, para que tenhas cuidado de fazer segundo tudo quanto nele está escrito; então, farás prosperar o teu caminho e serás bem-sucedido.
77 1 Samuel 17.47 Saberá toda esta multidão que o Senhor salva, não com espada, nem com lança; porque do Senhor é a guerra.
78 Salmos 23.4 Ainda que eu ande pelo vale da sombra da morte, não temerei mal nenhum, porque tu estás comigo; o teu bordão e o teu cajado me consolam.
79 2 Coríntios 7.6 Porém Deus, que conforta os abatidos, nos consolou com a chegada de Tito.
João 11.19 Muitos dentre os judeus tinham vindo ter com Marta e Maria, para as consolar a respeito de seu irmão.

80 Êxodo 13.21 O Senhor ia adiante deles, durante o dia, numa coluna de nuvem, para os guiar pelo caminho; durante a noite, numa coluna de fogo, para os alumiar, a fim de que caminhassem de dia e de noite. Nunca se apartou do povo a coluna de nuvem durante o dia, nem a coluna de fogo durante a noite.
81 Colossenses 3.1-2 Portanto, se fostes ressuscitados juntamente com Cristo, buscai as coisas lá do alto, onde Cristo vive, assentado à direita de Deus. Pensai nas coisas lá do alto, não nas que são aqui da terra.
82 Isaías 56.5 Darei na minha casa e dentro dos meus muros, um memorial e um nome melhor do que filhos e filhas; um nome eterno darei a cada um deles, que nunca se apagará.
Isaías 66.22 Porque, como os novos céus e a nova terra, que hei de fazer, estarão diante de mim, diz o Senhor, assim há de estar a vossa posteridade e o vosso nome.
Apocalipse 21.3-4 Então, ouvi grande voz vinda do trono, dizendo: Eis o tabernáculo de Deus com os homens. Deus habitará com eles. Eles serão povos de Deus, e Deus mesmo estará com eles. E lhes enxugará dos olhos toda lágrima, e a morte já não existirá, já não haverá luto, nem pranto, nem dor, porque as primeiras coisas passaram.
83 Mateus 21.16 Ouves o que estes estão dizendo? Respondeu-lhes Jesus: Sim; nunca lestes: Da boca de pequeninos e crianças de peito tiraste perfeito louvor?
84 Lucas 22.19 E, tomando um pão, tendo dado graças, o partiu e lhes deu, dizendo: Isto é o meu corpo oferecido por vós; fazei isto em memória de mim.

FIEL
MINISTÉRIO

O Ministério Fiel visa apoiar a igreja de Deus, fornecendo conteúdo fiel às Escrituras através de conferências, cursos teológicos, literatura, ministério Apoie um Pastor e conteúdo online gratuito.

Disponibilizamos em nosso site centenas de recursos, como vídeos de pregações e conferências, artigos, e-books, audiolivros, blog e muito mais. Lá também é possível assinar nosso informativo e se tornar parte da comunidade Fiel, recebendo acesso a esses e outros materiais, além de promoções exclusivas.

Visite nosso site
www.ministeriofiel.com.br

VOLTEMOS AO EVANGELHO

O Voltemos ao Evangelho é um site cristão centrado no evangelho de Jesus Cristo. Acreditamos que a igreja precisa urgentemente voltar a estar ancorada na Bíblia Sagrada, fundamentada na sã doutrina, saturada das boas novas, engajada na Grande Comissão e voltada para a glória de Deus.

Para acessar mais de 6.000 recursos gratuitos, visite:

www.voltemosaoevangelho.com

Esta obra foi composta em AJenson Pro Regular 12, e impressa na Promove Artes Gráficas sobre o papel Pólen Natural 80g/m², para Editora Fiel, em Abril de 2025.